GETA,

TRAGEDIE.

A PARIS,

Chez THOMAS GUILLAIN, sur le Quay
des Augustins, à la descente du Pont-neuf,
à l'image saint Loüis.

M. DC. LXXXVII.

Avec PRIVILEGE DU ROY.

A MONSEIGNEUR

LE DAUPHIN.

ONSEIGNEUR,

Ce n'est point par une espece de pre-
somption que j'ose prendre la liberté
de vous consacrer ce premier essay de
ma Muse. Je sçay que vostre auguste

ã ij

EPISTRE.

Nom ne doit paroiſtre qu'à la teſte des Ouvrages les plus excellens ; mais le mien vous appartient par tant de titres que je ne puis m'empeſcher de vous en faire un tres-reſpectueux hommage. Je vous le dois, MON-SEIGNEUR, quand ce ne ſeroit que pour ce favorable accueil dont il vous a plû de l'honorer, & pour avoir trouvé ſeulement en vous tous ces traits de grandeur ne-ceſſaires pour remplir le caractere de mon Heros. Cette ſageſſe con-ſommée de Geta en la fleur de ſon âge, cette moderation merveilleu-ſe dans la ſuprême puiſſance, cet-te pieté ſi religieuſe au milieu des plaiſirs & des magnificences de Ro-me, cette fierté, cette douceur, cette ardeur pour la gloire ; & ce qui eſt

EPISTRE.

le plus à estimer cette grandeur d'ame
qui le rend toujours maistre de luy-
même , & qui le met au dessus des
passions les plus fortes ; Tout cela,
MONSEIGNEUR , n'est qu'un
foible crayon, ou qu'une legere ébau-
che de ces hautes vertus qu'on void
briller en vous , & qui vous rendent
la parfaite image du plus grand de
tous les Monarques , d'un Roy que
tous les Princes de la Terre se font
une étude d'imiter, & qui ne peut
estre dignement imité que par vous
seul. Je ne doute pas, MONSEI-
GNEUR, que ce ne soit ce rapor
que j'ay mis entre mon Heros &
vous , qui a attiré à mon Poëm
l'estime de cette incomparable Princesse vostre Espouse, qui assure pour jamais le bon-heur de cet Estat par de

EPISTRE.

Princes d'une esperance & si grande
& si belle. Ce seroit icy un vaste
champ pour étaler tous ces grands
avantages qui la rendent seule digne
de vous posseder, & qui la font ad-
mirer de tout le monde ; il me suffit de
les reverer par mon silence , & de
vous assurer en même temps & de ma
parfaite reconnoissance , & du respect
tres-profond avec lequel je suis,

MONSEIGNEVR,

Vostre tres-humble & tres-
obeïssant serviteur,
PECHANTRE.

PREFACE.

MY Lecteur, l'heureux succés qu'a eu cette Tragedie sembleroit me dispenser du soin d'y ajoûter une Preface, & trop content des applaudissemens dont il t'a plû de la favoriser, je devrois m'en tenir là, sans m'engager dans tous ces discours préliminaires, qui sont ordinairement plus exposez à la censure, que la Piece même qu'on veut justifier. Mais l'indulgence que tu m'as témoignée, ne sçauroit m'exempter de l'obligation de répondre à quelques difficultez qu'on m'y a faites, & peut-estre que dans la representation tu as bien voulu me pardonner des choses que tu n'excuserois pas dans la lecture, si je ne t'en rendois raison.

Pour ce qui regarde l'Histoire de mon sujet, je me suis fait une loy de m'attacher autant que j'ay pû à la veriré, ou du moins à la vray-semblance, suivant le precepte d'Horace :

Aut famam sequere, aut sibi convenientia finge.
Rien n'est si celebre chez les Historiens que l'inimitié d'Antonin & de Geta, tous deux fils de l'Empereur Severe, fameux par la défaite de trois Empereurs : Rien de si connu que le soin que prit cet illustre pere de prévenir les suites de leur haine par le partage de l'Empire : Rien de si bien marqué

PREFACE.

que les oppofitions de Julie leur mere à l'execution
de ce Traité , fuivant lequel l'un de ces Princes
devoit aller regner en Afie , & l'autre à Rome.
Voicy comment Herodian exprime les fentimens
de cette mere: *O filii! jam inveniftis quo pacto Ter-*
ram & Mare dividatis, matrem vero quomodo di-
videtis ? quomodo infœlix ego diftribuar inter
utrumque veftrum? Rien de fi bien authorifé que la
reconciliation de ces deux Princes. L'illuftre Mon-
fieur Vaillant en propofe une Médaille , dans la-
quelle ils paroiffent fe donner les mains en pre-
fence de leur mere, avec cette infcription, *Concor-*
dia Auguftorum. Le meurtre de Geta, commis par
Antonin dans les bras même de Julie , la mort de
Plantilie fa femme; en un mot tous fes traits de
cruauté rêpandus dans ma Piece font precifé-
ment tirez de l'Hiftoire, & il n'y a en tout cela
rien de mon invention.

Pour ce qui concerne la Veftale, c'eft Dion qui
m'en a fait naiftre la penfée: *Veftales occidit qua-*
tuor (dit-il en parlant d'Antonin) *ex quibus unam*
vitiare tentavit , quæ tamen in altum exclamabat
fcire ipfum Antoninum , fe Virginem effe. Sur ce
fondement , l'Hiftoire ne m'apprenant rien de fa
naiffance, & d'ailleurs fçachant bien que les Veftales eftoient des filles du premier rang, & qu'on ne
recevoit qu'à fix ans au Temple de Vefta , j'ay
crû pouvoir faire celle-cy fille de Pertinax , & la
faire paroiftre à la premiere année de l'Empire de
Caracalla , fans bleffer la Chronologie, n'y ayant

entre le meurtre de Pertinax & la premiere année d
l'Empire d'Antonin que vingt ans au plus, qui furen
remplis par le regne de Severe ; Julien, Pescennius, &
Albin ayant esté presque aussi-tost opprimez par sa va
leur, qu'ils oserent se faire proclamer Empereurs. Mai
venons au principal,

Quelques-uns m'opposent d'abord la trop grande sim
plicité de l'action , qui semble estre dépourveuë de cett
varieté d'incidens, qui font le plus grand agrément de ce
sortes d'Ouvrages : Mais soit dans le nœud, soit dans l
dénoüément, cette Piece est traversée par tant de chan
gemens, que je craindrois plûtost d'y en avoir trop mi
que trop peu, s'ils n'estoient presque tous necessaires, &
tous tirez du centre même du sujet.

D'autres me disent que j'ay fait Antonin trop honeste
homme pour un scelerat, & que je le fais tout d'un cou
fratricide, sans l'avoir fait méchant dans le cours de m
Piece : Mais ces Messieurs n'y prenuent pas garde ; pres
que dans tous les Actes Antonin ne se propose que l
perte de son frere, & sa malice est d'autant plus grande
qu'elle est cachée sous de plus belles apparences. C'est l
le caractere que luy donne Spartian , *Fingebat se beni
gnum, quum esset natura truculentus.*

D'autres m'opposent que Geta insulte mal à propos
son frere, lorsqu'il se declare son rival. Mais qui ne voi
qu'aprés avoir combattu la passion d'Antonin par de
raisons tirées de la Religion & des Loix, s'il luy decla
re son amour, ce n'est que pour le porter à faire sur so
cœur les mêmes efforts qu'il fait luy-même sur le sien.

L'on ajoûte encore que Geta convaincu de la perfidi
de son frere, ne devoit pas si facilement se fier à la feint
reconciliation, & à la parole qu'il luy donne de renon
cer à Justine. J'avouë que c'est une imprudence à luy
d'en croire si legerement son frere ; mais c'est une faut
d'un peu trop de bonne foy, & qui par consequent lu
doit plûtost attirer d'estime & la pitié, que le blâme &

PREFACE.

indignation des honneſtes gens : Ce ſont ces ſortes de
autes qui entraînent ſouvent les plus grands hommes
ans les plus grands malheurs, & dont Ariſtote veut que
es Heros des Tragedies ſoient en quelque façon coupa-
les : *Neceſſe enim eſt optimam fabulam mutari ex proſpe-
e fortuna in adverſam non propter improbitatem, ſed
ropter errorem magnum.*

On me demande à quel titre cette Preſtreſſe (car c'eſt
e nom que Tite-Live donne aux Veſtales) eſt mandée
ar l'Empereur pour venir faire un ſacrifice en ſon Pa-
is : à quoy je réponds, que depuis que les Empereurs
eſtoient attribuez le ſuprême Pontificat, comme le remarque Dion ſous Auguſte, ils eſtoient en droit de
ander les Preſtres & les Preſtreſſes pour faire des ſacri-
ces dans leur Palais même, où ils avoient des Chapel-
s, qu'ils appelloient *Sacella*, comme celle qu'Aguſte
t baſtir dans le ſien, conſacrée à Apollon, ſous ce titre
pollo Palatinus.

On condamne enfin la declaration d'amour que fait
erte Princeſſe à Geta ſur le point de s'aller renfermer :
lais ſans vouloir l'excuſer par les obligations où elle
toit de conſoler ce Prince deſolé, cet adveu de Juſtine
it plûtoſt voir la fermeté de ſon cœur, & l'eſtime qu'el-
la pour Geta, que la moindre foibleſſe en elle, puiſ-
u'elle ne luy declare ſa tendreſſe, que par la confiance
u'elle a en ſa propre vertu, & en la diſcretion d'un
rince auſſi ſage & auſſi retenu que Geta. Je ne t'en diray
as davantage, Amy lecteur, de peur de te fatiguer, ou
e t'irriter même par une trop longue Preface.

Extrait du Privilege du Roy.

PAR Grace & Privilege du Roy, donné à Versailles le 14. jour de Mars 1687. Signé, Par le Roy
en son Conseil, DU GONO. Il est permis au Sieur
PECHANTRE' de faire imprimer, vendre &
debiter par tel Imprimeur ou Libraire qu'il voudra
choisir, une Piece de Theatre de sa composition, in-
titulée *Geta, Tragedie*, pendant le temps de six an-
nées, à compter du jour que ledit Livre sera achevé
d'imprimer pour la premiere fois : Pendant lequel
temps faisons tres-expresse inhibition & deffense à
toutes personnes, de quelque qualité & condition
qu'elles soient, de faire imprimer, vendre & debiter
par tous les lieux de nostre obeïssance d'autre Edition
que celle du Sieur PECHANTRE', ou de ceux qui auront droit de luy, à peine de trois mil livres d'amen-
de, payables sans deport par chacun des contreve-
nans, confiscation des Exemplaires contrefaits, &
autres peines plus au long contenuës dans lesdites
Lettres.

*Registré sur le Livre de la Communauté des Impri-
meurs & Libraires de Paris, le 19. Mars 1687. suivant l'Arrest du Parlement du 8. Avril 1653. & celuy
du Conseil Privé du Roy du 27. Fevrier 1665. A la
charge que le debit dudit Livre se fera au nom & par
les mains d'un Imprimeur ou Libraire, suivant les Or-
donnances & Reglemens: Et l'Edit du Roy donné à
Versailles au mois d'Aoust 1686.*

Signé I. B. COIGNARD, Syndic.

Achevé d'imprimer pour la premiere fois, le 24.
Mars 1687.

ACTEURS.

ANTONIN CARACALLA, Empereur Romain, fils de Severe.

GETA Empereur Romain, son frere.

JULIE Imperatrice, leur mere, femme de Severe.

JUSTINE Vestale, fille de Pertinax Empereur Romain.

ALBIN, Confident d'Antonin.

ARCAS, Confident de Geta.

EMILIE, Confidente de Julie.

PAULINE, Confidente de Justine.

GARDES d'Antonin.

La Scene est à Rome dans le Palais des Empereurs.

GETA,

GETA,
TRAGEDIE.

ACTE I.
SCENE PREMIERE.

ANTONIN, ALBIN.

ALBIN.

Out est donc resolu, Seigneur, cette
journée
De deux grands Empereurs regle la desti-
née,
Et pour donner des loix à cent peuples divers
Voltre frere avec vous partage l'Univers.

ANTONIN.

Ce fut l'ordre preferit par l'Empereur Severe.
Mais crois-tu que je laisse à l'orgueil de mon frere

Malgré mes interests & noſtre inimitié
De nos vaſtes Eſtats la plus belle moitié ?
Crois-tu que je partage avec luy cet Empire,
Le diviſer, Albin, ce ſeroit le détruire ;
Et mon cœur ſur le Trône ennemy d'un rival,
Ayme trop la grandeur pour ſouffrir un égal :
Sçache Albin (car c'eſt toy ſur qui je me repoſe)
Qu'ainſi que moy Julie à ce traité s'oppoſe ;
C'eſt en vain que Geta ſe promet de partir,
A ſon éloignement, je ne puis conſentir ;
Ma Politique veut qu'icy je le retienne ;
Loin de moy ſa puiſſance égaleroit la mienne.
Geta plus libre alors pourroit mieux me troubler,
Et je perdrois enfin l'eſpoir de l'accabler ;
Tu ſçais que trop jaloux de mes droits legitimes,
J'ay de tous ſes amis fait autant de victimes.
Tu ſçais combien de ſang ce trône m'a coûté :
Et pour le partager je l'ay trop acheté :

A L B I N.

Cependant Geta part,

A N T O N I N.

                    Je vais par mes careſſes,
Je vay par mes douceurs, par cent feintes promeſſes,
Par cent raiſons d'Eſtat l'ébranler, le tenter,
Je vay tout employer enfin pour l'arreſter ;
Je te fais voir par là le fonds de ma penſée ;
Mais d'un autre ſoucy j'ay l'ame embaraſſée ;
Tu ſçais que j'ay mandé le Senat en ce jour
Pour luy faire approuver le choix de mon amour :
Crois-tu qu'à mes deſirs il veüille ſe ſoûmettre ?

TRAGEDIE.

A L B I N.

De sa soumission j'ose tout vous promettre.

A N T O N I N.

Mais crois-tu que Justine instruite de mes feux
Applaudisse à mon choix & consente à mes vœux ?
Elle n'ignore pas cher , Albin , que je l'aime ;
Tous les jours dans le Cirque ou dans le Temple
    même,
Mon desordre inquiet , mes regards , mes soupirs
L'entretiennent assez de mes secrets desirs ;
J'ay beau luy faire voir ma gloire, ma tendresse,
Rien ne la peut toucher cette fiere Princesse ,
Elle void mon amour, & feint de l'ignorer ;
Dés ce jour autrement je veux me declarer ;
Elle a déja receu mes ordres necessaires
Pour faire un sacrifice à nos Dieux tutelaires ;
Que dira t'elle Albin , lors que dans le Palais
Loin de voir pour nos Dieux éclatter nos apprêts,
Cette illustre Vestale en ces lieux attirée
Verra de son hymen la pompe preparée ,
Et que d'elle à mon gré pretendant disposer
J'ay presque tout conclu sans luy rien proposer ?
De quel air penses-tu que sa vertu severe
Reçoive cet aveu que je pretens luy faire ?

A L B I N.

La gloire & la raison l'obligeront Seigneur
A souscrire à ce choix qui la comble d'honneur ;
Et vous la verrez-joindre à la reconnoissance
Une respectueuse & prompte obeissance ;
A ij

Fille de Pertinax, la source de son sang
La r'appelle sans cesse à vostre auguste rang,
Par son ambition secrettement pressée
Elle voudra se voir à cet hymen forcée,
Heureuse si vos loix épargnent à son cœur
La honte d'un aveu contraire à sa pudeur.

ANTONIN.

Mais pour la rendre Albin à mes vœux moins con-
    traire,
Taschons en ma faveur d'interesser ma mere ;
Le conseil de Julie est d'un assez grand poids
Pour resoudre Justine à répondre à mon choix.
Déja pour cet hymen Rome me favorise,
La loy me le permet, & mon nom l'authorise ;
Que si malgré mon choix, que si malgré mes vœux
Justine se deffend, ou rejette mes feux,
Je sçauray me servir de toute ma puissance :
Je commence à douter de son obeïssance :
Va ne perds point de temps, dis-luy que je l'attends
Qu'icy le sacrifice est prest depuis long-temps ;
Presse-la, conduis-la........ mais j'apperçois Julie
De crainte & de douleur elle paroist saisie,
Le depart de Geta semble l'inquieter ;
Mais pour le rompre, Albin, je m'en vais tout tenter.

SCENE II.

ANTONIN, JULIE, EMILIE.

JULIE.

ET bien, est-ce en ce jour, mon fils, qu'on se prepare
A ce cruel partage ; à ce départ barbare ?
Pour vous & pour Geta n'ay-je fait tant de vœux
Que pour me voir forcée à perdre un de vous deux !
Source de la discorde & mere de l'envie,
Cruelle ambition trop fatale à ma vie,
Pourquoy par ce traitre viens-tu me déchirer ?
N'accordes-tu mes fils que pour les separer ?

ANTONIN.

Madame n'accusez que la fierté d'un frere,
Qui par l'éloignement cherche à se satisfaire,
Et qui croyant ailleurs se faire un plus beau sort
S'il regnoit avec nous, croiroit se faire tort,
Il s'obstine à partir ; sa flotte est déja preste.

JULIE.

Et cependant ce jour est pour vous une feste,
Et l'on m'apprend qu'icy vous osez preparer
Un hymen qu'à mes yeux vous n'osez declarer ;
Vous n'attendez enfin que le départ d'un frere.

A iij

ANTONIN.

J'ay caché cet hymen, j'ay cru le devoir taire,
Je n'ay pû sur mon choix faire le moindre éclat
Sans en avoir plutost consulté le Senat :
Voicy le jour enfin où tout se détermine,
La fille d'un Cesar, l'adorable Justine
Que son sang, ses vertus m'ont dû faire estimer,
C'est elle....

JULIE.

　　　Juste Ciel ! qui m'osez-vous nommer ?
Justine ! quoy Justine aux Autels consacrée ?
Justine de la Cour pour jamais retirée ?
Osez-vous m'en parler, comment ? depuis quel jour
Conceustes-vous mon fils ce malheureux amour ?

ANTONIN.

Madame, il vous souvient de ce jour si celebre
Où Rome dans l'éclat d'une pompe funebre
A l'Empereur Severe élevant des Autels
Luy rendit les honneurs qu'on rend aux immortels;
Moy-même ayant laissé pour honorer mon pere
La Bretagne conquise à Rome tributaire,
Je vins avec Geta consacrer son cercueil,
Et mêler mon triomphe à cet auguste deüil.
Le bûcher fut dressé, la victime parée,
Moy-même sur l'Autel je mis l'Urne sacrée,
Et les Prestres enfin dans le Temple assemblez
Celebrerent son nom par leurs chants redoublez ;
Mais par une surprise à mon repos fatale
Dans le milieu du Temple un' auguste Vestale

Que la foule n'ofoit par refpect approcher,
Vint par fes feux facrez allumer le bucher :
Sa grace, fa fierté, fon port noble & modefte
Relevoient tous les traits de fa beauté celefte,
Un air doux & ferain fur fon front répandu,
Avec fa Majefté fe trouvoit confondu,
Et fous ces ornemens facrez & venerables
Brilloit le vif éclat de fes yeux adorables ;
De ce divin objet tous mes fens occupez
Comme d'un coup du Ciel fe fentirent frappez ;
Dans le fond de mon cœur fon image tracée,
Depuis ce jour fans ceffe occupe ma penfée,
Et le feu de fes yeux dans mon ame imprimé,
M'infpire un feu fecret, dont je fuis confumé :
J'ay fait de mon amour un affez long myftere,
Il éclate aujourd'huy, je ne puis plus le taire,
Et dans le Temple enfin cet amour allumé,
Doit eftre dans le Temple aujourd'huy confirmé ;
Le Peuple & le Senat nous y doivent attendre,
Bien-toft dans ce Palais Juftine doit fe rendre,
Et mon cœur fe promet de vos foins genereux,
Que vous la refoudrez à répondre à mes vœux.

JULIE.

D'une Veftale, ô Ciel ! que peut-on fe promettre ?

ANTONIN.

Ce que les Loix de Rome ont toujours pû permettre,
La juftice, l'amour, mon pouvoir & la loy,
Tout parle, tout confpire, & doit agir pour moy.

JULIE.

Mais croyez-vous, mon fils, que l'illuftre Juftine
Abandonne le Temple où fon choix la deftine ?

Que son cœur jusques-là se puisse démentir ?

ANTONIN.

Pour estre Imperatrice elle en pourra sortir ;
Elle a servy les Dieux jusqu'au troisiéme lustre ;
Elle peut s'affranchir par un hymen illustre ;
C'est à quoy vous devez vous-même la porter.

JULIE.

Ah ! mon fils, est-ce moy qu'elle doit consulter ?
C'est par le seul penchant que le cœur nous inspire,
Qu'elle doit se regler, qu'elle doit se conduire,
Il n'est rien de si saint que les droits de son cœur.

ANTONIN.

Il n'est rien de si saint que ceux d'un Empereur ;
Plus que toutes les loix ma volonté sacrée
Doit estre dans son cœur aujourd'huy reverée ;
Elle doit se soûmettre à mon authorité.

JULIE.

Quoy sans attendre un temps par nos Loix limité ?

ANTONIN.

Faut-il regler par là mon pouvoir & le vôstre ?
Ce qu'on peut en un jour, se peut bien dans un autre ;
A nostre choix enfin tous les temps sont soûmis,
Et ce que nous voulons, nous est toujours permis......
Mais Geta vient, sans doute, il veut partir Madame.

TRAGEDIE. 9

JULIE.

Quel trouble ce depart jette-t'il dans mon ame ?
Helas ! pour l'arrefter employons tous nos foins.

ANTONIN.

J'y confens : agiffez. Je n'aimerez pas moins.

SCENE III.

JULIE, ANTONIN, GETA, EMILIE.

JULIE.

VOus voicy donc tous deux : quel bonheur vous
    affemble ?
Pour la derniere fois dois-je vous voir enfemble ?
Quel malheureux Demon peut donc vous infpirer
De divifer l'Empire, & de vous feparer ?
Helas ! fi je pouvois vous partager ma vie,
Vivre avec l'un à Rome, avec l'autre en Afie.
Malgré voftre fureur, j'efpererois du moins
Concilier vos cœurs, par mes vœux, par mes foins :
Mais voftre haine enfin jufqu'icy fufpenduë
Va deformais avoir toute fon étenduë,
Et par l'ambition l'un & l'autre animez,
Je vous verray bien-toft l'un contre l'autre armez :
Epargnez ces douleurs à mon cœur trop fenfible,
Joüiffez en repos d'un Empire paifible :

Le Parthe , le Germain, tout fléchit fous vos loix ,
Et ce n'eſt que par vous qu'on voit regner cent Rois :
Si d'un parfait accord vos eſprits ſont capables ,
A tous vos ennemis vous ſerez redoutables ;
Il ne vous reſte plus à vaincre aucuns Tyrans ,
Vous n'avez qu'à regler vos propres differens ;
Pour faire triompher, la force , & la juſtice ,
Faites qu'entre vous deux un même eſprit agiſſe ;
Adrian, Antonin, Marc-Aurele , Verus
Eurent-ils moins que vous de gloire & de vertus ?
Ces Collegues unis dans une paix profonde ,
Soûtinrent mieux le poids de l'Empire du monde ;
Uniſſez-vous comme eux , & dans un même rang
Confirmez par l'amour les nœuds de voſtre ſang.

ANTONIN.

Madame j'y conſens. Qui pourroit ſe défendre
De ſuivre les conſeils d'une mere ſi tendre ?
Remettons en ſes mains nos plus chers intereſts ,
Mon frere , & dés ce jour joignons-nous pour jamais.

GETA.

Mon frere, la raiſon autant que la nature ,
Doit fonder entre nous l'amitié la plus pure ;
Mais pour bien l'eſtablir , ou pour mieux l'aſſurer,
Je ne balance plus , il faut nous ſeparer ;
Je paroiſtray rebelle aux bontez d'une mere ;
Mais je la trahirois ſi j'eſtois moins ſincere,
Elle veut reſtablir l'union entre nous ,
Et c'eſt ce qui me porte à m'éloigner de vous :
Jamais dans un Etat deux Puiſſances ſuprêmes
Ne peuvent commander ſans ſe perdre elles-mêmes ,

Et, sur un même Trône enfin deux Souverains.
De leur propre pouvoir font toujours incertains :
Si nous fommes tous deux feparez l'un de l'autre,
Vous ferez mon foûtien, moy je feray le voftre,
Et de divers coftez domtant nos ennemis,
On nous verra toujours l'un par l'autre affermis ;
Ma puiffance & la voftre au lieu d'eftre affoiblies,
Par ce partage égal feront mieux établies,
Et quoy qu'affis tous deux fur deux Trônes divers,
Chacun de nous fera Maiftre de l'Univers ;
Icy de tous coftez à cent traîtres en butte,
Par ma perte ils pourroient preparer voftre chutte,
Et ne fe propofant qu'un Empire pour prix,
Efleve leur grandeur fur nos propres debris :
Pour rompre leurs deffeins, il faut que je vous
    quitte :
Voftre propre intereft, le mien m'en follicite ;
Par là nos differens fe trouverout finis,
Et quoy que feparez nous ferons mieux unis.

ANTONIN.

Tous ces raifonnemens fi beaux en apparence,
N'ont que l'éclat trompeur d'une fauffe prudence :
Mais s'il faut vous parler encore à cœur ouvert,
Noftre difcorde feule eft tout ce qui nous perd.
Nos plus chers confidens fomentent nos divorces,
Ils veulent divifer nos confeils & nos forces ;
Entourez de flateurs qui nous trahiffent tous,
Nous ne pouvons avoir de vrais amis que nous :
Si nous voulons regner dans une paix profonde,
Rome doit demeurer la maiftreffe du Monde,
N'avoir point de rivale, & fous deux Souverains
Faire adorer par tout l'Empire des Romains,

Tel qu'il fut autrefois sous nos fameux Ancestres,
Il peut encore entier subsister sous deux maistres,
Qui tous deux conspirant pour un parfait accord,
De l'Univers entier sçachant regler le sort ;
Même nom, même sang, même interest nous lie :
Quelle union jamais fut si bien établie ?
La nature entre nous a semblé la former,
Par nostre intelligence il faut la confirmer :
Si nous nous separons, soudain la jalousie
Va soûlever l'Europe, & l'Affrique, & l'Asie,
Soudain chacun de nous plus superbe & plus fier,
Peu content de son sort voudra l'Empire entier.
Mais un sincere accord nous joignant l'un & l'autre,
Ne fera qu'un Empire & du mien & du vostre,
Et sans nous separer en des climats divers,
Chacun de nous sera maistre de l'Univers.

GETA.

Malgré tous vos discours je ne sçaurois, mon frere,
Estimer vostre cœur & solide & sincere,
Quand par vos actions je verray tous les jours
Les effets hautement démentir vos discours.
Toûjours dans les soubçons & dans la défiance,
Quel moyen de fonder sur vous quelqu'assurance,
Ce n'est pas ce qui doit pourtant m'en détacher ;
De Rome malgré moy je me dois arracher.
Une loy rigoureuse à ce depart m'engage,
Ne me contraigez pas d'en dire davantage.

ANTONIN.

Ah ! je ne pretens plus sur ce point vous presser ;
Mais il n'est point de loy qui puisse vous forcer ;

Avant que de partir songez-y bien, mon frere :
Pour vous determiner je vous laisse ma mere.

SCENE IV.

JULIE, GETA, EMILIE.

JULIE.

Quoy ! malgré ses conseils, sa generosité,
Aurez-vous pour partir assez de cruauté ?
Vous me quittez mon fils.

GETA.

       Et de grace, Madame,
D'inutiles regrets n'accablez point mon ame,
Mon cœur par vos soûpirs n'est que trop combatu,
Mais Rome est à mes yeux l'écueil de ma vertu ;
Si vous sçaviez d'où naist l'horreur que j'ay pour elle,
Vous concevriez pour Rome une haine éternelle.

JULIE.

Quoy ! Rome est donc pour vous un odieux sejour ?
Rome dont vous tenez & l'Empire, & le jour ;
Rome vostre Patrie, où tout vous renouvelle
D'Antonin, de Severe une image fidelle,
Où tout rappelle en vous le noble souvenir
Des grands noms qu'aujourd'huy vous devez soû-
   tenir.

B

GETA.

Et ce sont ces grands noms que mon ame revere,
Ces monumens sacrez d'Antonin, de Severe,
Que mon cœur doit cherir, que je dois imiter,
Qui me forcent enfin, Madame, à vous quitter ;
Tout me reproche icy, tout m'accuse sans cesse,
De passer sans éclat une indigne jeunesse ;
Je vois par tout icy les traces des Heros,
Et je m'y vois moy seul dans un honteux repos,
Je dois chercher ailleurs un plus noble Theatre.

JULIE.

Quels Ennemis ailleurs avez-vous à combatre ?
Tout reconnoist icy vostre nom glorieux.

GETA.

Tout deshonore icy le nom de mes Ayeux.
Mon indigne foiblesse insulte à leur memoire ;
J'y trouve jusqu'au Temple un reproche à ma gloire ;
Oüy dans le Temple même un criminel amour,
M'a sçû rendre en ces lieux trop indigne du jour.

JULIE.

Dans le Temple, mon fils! que m'osez-vous apprédre?
Ah ! je ne crains déja que trop de vous entendre ;
Un criminel amour . . . . . Vous m'en avez trop dit ;
Je connois vostre crime, & mon cœur en fremit.

GETA.

Je ne connois que trop combien je suis coupable ;
Mais peut-estre à vos yeux serois-je pardonnable ?

Si vous ſçaviez l'objet qui me peut enflammer :

JULIE.

Ah Ciel ! gardez-vous bien, mon fils, de le nommer :
Je vous entens aſſez.... Helas ſi voſtre frere
De voſtre propre bouche apprenoit ce myſtere,
Que ſeroit-ce ? Tantoſt j'ay craint voſtre depart,
Et je crains qu'à preſent vous ne partiez trop tard ;
Partez.

GETA.

Je pars demain ſans plus attendre,
De mon amour par là je pretens me deffendre,
Mere, Patrie, Amis, rien ne peut m'arreſter,
Allons....

JULIE.

Allons, mon fils, je ne puis vous quitter.

Fin du premier Acte.

ACTE II.
SCENE PREMIERE.

JUSTINE, PAULINE, ALBIN.

JUSTINE.

Est-ce dans ce Palais que l'Empereur nous mande
Albin ? est-ce en ces lieux qu'il faut que je l'attende ?
Mais pour le sacrifice en ce jour ordonné,
Quel Temple, quel Autel avez-vous destiné ?
Icy l'éclat, le luxe, & la magnificence
Tout retrace à mes yeux l'orgueil de ma naissance,
Tout m'y paroist terrible, & ces Gardes postez
N'offrent à mon esprit qu'horreurs, que cruautez ;
Je me trouve par tout d'armes environnée,
Ah ! dans quels lieux, Albin, m'avez-vous emmenée ?

ALBIN.

Madame bannissez cette injuste terreur,
Et vous considerez en fille d'Empereur ;

Ces Gardes, ces Soldats doivent-ils vous furprendre?
N'en avez-vous point vû dés l'âge le plus tendre,
Dans ce même Palais vous receuftes le jour;
Faut-il vous effrayer des grandeurs de la Cour,
Icy tout vous refpecte, icy tout vous revere,
Et l'on honore en vous le fang de voftre pere.

JUSTINE.

De mon pere, ah! funefte & cruel fouvenir;
Malheureufe! en ces lieux ay-je pû revenir?
En ces lieux criminels, où tout me reprefente
D'un pere maffacré la peinture fanglante,
Où je crois toujours voir cent monftres inhumains,
Porter encore fur luy leurs parricides mains?

ALBIN.

Je fremis comme vous d'une action fi noire;
Mais fa mort n'ofte rien de l'éclat de fa gloire;
Ces fuperbes Autels dreffez fur fon Cercueil,
Du Peüple & du Senat le magnifique deüil,
Ses meurtriers flétris d'une honte eternelle,
Font briller Pertinax d'une gloire nouvelle;
Ce jour même qu'icy nous devons confacrer,
Ce jour n'eft deftiné pour mieux l'honorer;
Mais voicy l'Empereur qui vient vous en inftruire,
A l'Autel qu'il prepare il fçaura vous conduire.

SCENE II.

ANTONIN, JUSTINE, PAULINE,
ALBIN.

JUSTINE.

LE croiray-je, Seigneur, & dois-je me flatter
D'un ordre glorieux qu'on vient de me porter ?
Se peut-il que pour faire un pompeux sacrifice,
Mon Empereur luy-même aujourd'huy me choi-
    sisse ?
Et que pour ce grand jour qu'il pretend celebrer,
D'un si haut ministere il veüille m'honorer ;
Moy, qui n'ay pas encore ces clartez penetrantes,
Qu'ont acquis dés long-temps mes Compagnes sça-
    vantes :
Si toutesfois, Seigneur, pour cet Empire heureux
Vous voulez vers le Ciel faire éclater mes vœux ;
Si pour le sens caché des obscures Sybilles
Les lumieres que j'ay peuvent vous estre utiles,
Ou s'il faut pour la Guerre, ou s'il faut pour la Paix,
Consulter de nos Dieux les Oracles secrets,
A vos ordres icy vous me voyez soûmise,
Vous pouvez m'ordonner. . . . .

ANTONIN.

        Ciel ! quelle est ma surprise ?

TRAGEDIE.

Ces Oracles, ces vœux, ces Sybilles, ces Dieux,
Tout cela joint, Madame, à l'éclat de vos yeux,
Suspend de mes transports l'extrême violence,
M'impose un saint respect & me force au silence:
C'est vous à qui mon cœur cherche à se découvrir;
Mais ma bouche est müette, & je ne puis l'ouvrir;
Ne penetrez-vous point un si profond mystere?

JUSTINE.

Qui moy? dans vostre Cour inconnuë, étrangere,
Puis-je de vostre cœur penetrer les secrets? . . . .
Mais pour le sacrifice où sont donc les apprêts,
La Victime, l'Autel? qu'est-ce qui nous arreste?

ANTONIN.

L'Autel est prest, Madame, & la Victime est preste.

JUSTINE.

Si la victime est preste allons la presenter:
Quelle Divinité, Seigneur, doit l'accepter?
Est-ce Mars? ou Vesta? Jupiter? ou Minerve?

ANTONIN.

Ah! c'est là le secret que mon cœur se reserve.
A vous le taire en vain, j'ay voulu me forcer,
Madame; c'est à vous que je dois m'adresser,
Puisqu'il faut qu'à vos yeux ce grand secret s'exprime,
Vous estes la Deesse, & mon cœur la Victime;
Acceptez-le, Madame, & souffrez qu'en ces lieux
Le cœur d'un Empereur se consacre à vos yeux.

JUSTINE.

Où suis-je ? qu'ay-je oüy ? je fremis......

ANTONIN.

Ah ! Madame,
De grace rappellez le calme dans vostre ame,
Et daignez regarder dans ce cœur enflâmé,
Ce beau feu par vos yeux dans un Temple allumé :
Depuis que je vous vis d'un air noble, & severe,
Porter vos feux sacrez au bucher de mon Pere,
Depuis ce même jour une trop vive ardeur,
Me consume en secret & devore mon cœur.
J'ay voulu l'étouffer, mais je n'ay pû l'éteindre,
Ce feu même aujourd'huy ne sçauroit se contraindre,
Allumé dans le Temple en presence des Dieux,
Ce feu ne sçauroit estre indigne de vos yeux ;
Une si noble ardeur par vous-même inspirée,
Peut sans vous offenser vous estre declarée,
Et ces maistres du Ciel ne seront pas jaloux
Que le Maistre du monde ose brûler pour vous.
Si vous vous souvenez de qui vous estes née,
Pourrez-vous rejetter un si digne hymenée,
Et condamnerez-vous un legitime amour,
Qui vous rappelle au Trône où vous pristes le jour ?

JUSTINE.

Qu'ay-je entendu Pauline ? ay-je bien pû l'entendre ?
A de pareils discours aurois-je dû m'attendre ?
Ah ! je les ay déja trop long-temps écoûtez,
Fuyons......

ANTONIN.

Où fuyez-vous ? Ah ! Madame, arrestez.

JUSTINE.

Chaque moment icy me rend trop criminelle ;
Je cours m'ensevelir dans un ombre eternelle,
Mes yeux infortunez ont causé vostre amour ;
Et je dois pour jamais leur deffendre le jour :
Dans le fonds de mon Temple il faut m'aller remettre,
Permettez-moy , Seigneur. . . . . .

ANTONIN.

       Et puis-je le promettre ?
Quoy ? je pourrois souffrir que ces puissans attraits,
A l'ombre des Autels se perdent pour jamais ?
Qu'un malheureux sejour, qu'une obscure retraite
Renferme le seul bien que mon ame souhaite,
Et que d'un feu sacré le soin religieux
Avec trop de rigueur vous dérobe à nos yeux ?
Assez d'autres sans vous dans leur Temple bornées
A cet obscur employ se trouvent destinées :
Mais vous qui meritez un sort plus glorieux,
Vous devez autrement reconnoistre vos Dieux ;
Faire éclater pour eux une magnificence,
Digne de vostre nom & de vostre naissance,
Et comme Imperatrice adorant leurs Autels,
Servir d'un noble exemple au reste des mortels.
Recevez donc ma main, & vous rendez justice.

JUSTINE.

Moy ! d'un coupable amour je me rendrois complice.

Déja le seul aveu m'en a fait trop d'horreur ;
A peine reconnois-je en vous mon Empereur.
Vos discours n'ont déja que trop sçû me confondre ;
Je ne sçay que penser, je ne sçay que répondre,
Le seul nom de l'hymen m'inspire un juste effroy,
Comment puis-je estre à vous ? je ne suis plus à moy:
Ce n'est qu'à vous grands Dieux que mon cœur s'a-
    bandonne,
Un mortel veut pour luy ce cœur que je vous donne;
L'abandonnerez-vous au pouvoir d'un Rival ?
Mon cœur merite-t'il d'estre gardé si mal ?
Devez-vous rejetter la foy d'une mortelle,
Qui vous fait de son cœur un hommage fidelle ?
Et lors qu'un Empereur vous l'ose disputer ,
N'avez-vous pas le foudre en main pour l'arrester ?
Pourrez-vous bien souffrir. . . . . . Mais j'apperçois
    Julie.

SCENE III.

ANTONIN, JUSTINE, JULIE, ALBIN ,
PAULINE , EMILIE.

JUSTINE.

Madame, c'est en vous que mon cœur se confie ;
Ne deffendrez-vous point ma constance & ma
    foy ?
L'on m'arrache à mes Dieux , à mes Autels , à
    moy.

ANTONIN.

Madame vous voyez que Justine aveuglée,
D'une vaine frayeur est encore troublée ;
Mais representez-luy qu'un Empereur Romain,
Quand il a fait un choix ne l'a pas fait en vain.

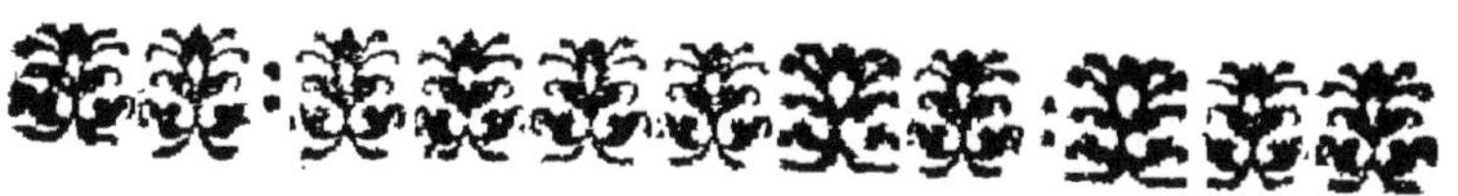

SCENE IV.

JUSTINE, EMILIE, JULIE, PAULINE.

JUSTINE.

Quoy ? Madame, Antonin l'assassin de mes freres,
Oze m'entretenir de ses feux temeraires,
Quoy pour un sacrifice il oze m'appeller ?
Et c'est à son ardeur qu'il pretend m'immoler :
Le cruel lâchement fit arracher la vie
Au jeune Pertinax, au malheureux Helvie ;
Son Espouse expira par son ordre inhumain,
Et le barbare encore oze m'offrir sa main :
La crainte de la mort n'est pas ce qui m'estonne,
Mais j'entends le tonnerre, & mon cœur en frissonne ;
Redoutez-le, Madame, & détournez des coups,
Qui tomberoient sur luy, sur l'Empire, & sur vous.

JULIE.

Plus que vous ne pensez je sens vostre disgrace ;
Je tremis comme vous du coup qui vous menace ;

Et ce fatal hymen qui vous remplit d'effroy ,
Me fait trembler pour vous, pour mes fils, & pour
　　moy.
J'en prévoy dans mon cœur la suite trop funeste ,
Détournons par nos vœux la colere celeste ,
En dépit d'Antonin servons les immortels,
Et courons de ce pas embrasser leurs Autels.
Au Temple malgré luy je m'en vay vous remettre.
Mais à trop de peril ce seroit vous commettre ;
D'Antonin irrité je connois la fureur ,
Rien ne vous sauveroit des transports de son cœur ;
Et jusqu'à vos Autels portant sa violence ,
Il pourroit.. ,...

JUSTINE.

Ah ! Geta sera nostre deffence ,
Ce Prince fut toujours nostre plus ferme appuy ,
Et mon plus grand espoir ne se fonde qu'en luy.
Pour moy , pour nos Autels il peut tout entreprendre.

JULIE.

Eh ? ne souhaitez pas qu'il vienne vous deffendre ;
Peut-estre son secours loin de vous soûlager ,
En de nouveaux malheurs pourroit vous engager.
Il part demain, Madame , & malgré ma tendresse ,
Pour ce depart moy-même il faut que je le presse ;
Son absence est un bien que je dois desirer.

JUSTINE.

Quel secours, s'il nous quitte , helas puis-je esperer ?
Mais quoy dans un malheur dont l'approche m'étône ,
Pourquoy souhaitez-vous que Geta m'abandonne ?
　　　　　　　　　　　　　　　　　　Geta

Geta dont la vertu, la generosité
Aux yeux de l'Univers ont, cens fois éclaté;
Geta, qu'à mon secours la gloire même engage.

JULIE.

Voulez-vous contre un frere irriter son courage?

JUSTINE.

Dans les bras d'Antonin me voulez-vous livrer?

JULIE.

Madame j'auray soin de vous en retirer;
Mais je veux épargner à mon ame, à la vostre,
L'horreur de voir mes fils armez l'un contre l'autre:
L'un poussé par l'amour, l'autre par son courroux,
S'animer à leur perte en combattant pour vous.
Je vais contre Antonin soûlever mille obstacles,
Faire oüir contre luy nos loix & nos oracles.
Et pour vous rendre au Temple avec tout vostre éclat,
Faire parler par vous le Peuple & le Senat.
Je n'épargneray rien ny larmes, ny priere.

JUSTINE.

Mais puis-je prendre en vous une assurance entière,
En vous........

JULIE.

Vous le pouvez; Mais Madame un moment,
Allez vous reposer dans mon appartement.
C

J U S T I N E.

Ah ! pour rendre à mon cœur le repos qu'il sou-
    haite,
Rendez-moy mes Autels, mes Dieux, & ma retraite.

S C E N E V.

J U L I E , E M I L I E.

J U L I E.

CHere Emilie , & bien conçois-tu nos malheurs ?
  Geta sera bien-tost le témoin de ses pleurs.
Il entendra bien-tost ses plaintes , ses allarmes.
Que ne fera-t'il point s'il voit couler ses larmes ;
Un seul mot , un soûpir , un regard seulement
Aux dernieres fureurs vont livrer cet Amant.
Sans doute qu'informé de l'himen de son frere ,
Déja tout transporté de zele & de colere.
Nous l'allons voir venir en Rival furieux ,
Nous enlever Justine en faveur de ses Dieux :
Qu que sçais-je si plein de son amour extrême ,
Il ne vient pas icy l'enlever pour luy-même ?
O Ciel ! à quel excés de rage & d'horreur
Le cruel Antonin porteroit sa fureur ?
Quel spectacle pour moy ?.... Mais quoy Geta s'a-
    vance,
Ciel ! quels sont ses transports ? quelle est sa violence?

SCENE VI.

GETA, JULIE.

GETA.

Non . . . mon départ encor n'est pas bien resolu,
Je seray plus long-temps icy qu'on n'a voulu
Madame, & je veux voir si dans cette journée
Mon frere accomplira son illustre hymenée.
C'eust esté trop pour luy de venir m'en parler:
Son orgueil jusques-là n'a pû se ravaler.
Il veut faire à son gré tout ce qu'il se propose,
Du Peuple & du Senat, c'est luy seul qui dispose,
Son absolu pouvoir est toute sa raison,
De ce sacré Palais il fait une prison :
Une vestale icy par force retenuë,
Et cette cruauté se passe à vostre veuë.
Il viole les loix, la foy, la liberté,
Il joint la tyrannie avec l'impieté :
Justine enfin, Justine aux Autels arrachée,
Au joug d'un fier Tyran se va voir attachée,
Et sous ses dures loix je verrois soûpirer
Un cœur, où mon amour n'ose presque aspirer?
Ah ! plûtost qu'à mes yeux cet himen s'accomplisse,
Il faut Madame, il faut que tout l'Estat perisse,
Je ne trahiray point mes Dieux, ny mon amour,
Justine sera libre où je perdray le jour.

C ij

J U L I E.

Eh de grace, mon fils....

G E T A.

Et quoy faut-il attendre,
Que le fier Antonin prest à tout entreprendre,
Mene pompeusement la Vestale à l'Autel ,
Et rendre aux yeux de tous son crime solemnel ?
Déja pour cet himen le Senat se declare ,
Et la ceremonie au Temple se prepare.
Qu'attendons-nous encore ?

J U L I E.

Le Senat consterné
Pour cet himen encore n'a rien determiné.

G E T A.

Hé ! quoy que le Senat sur cet himen prononce ,
Ma resolution vaut mieux que sa réponse,
De tous ces lâches cœurs n'attendons rien de bon,
Dans le Senat Romain il n'est plus de Caton.
Esclave d'Antonin il suit tous ses caprices,
Et tous nos Senateurs sont presque ses complices ;
C'est à vous , c'est à moy , Madame à reprimer
Cet excés de fierté qui va tout opprimer.
La fureur d'Antonin va jusqu'au sacrilege ;
Vangeons de nos Autels le sacré privilege,
Il outrage nos Dieux ; je pretens les servir,
Et remettre en leurs mains ce qu'il veut leur ravir.

JULIE.

Ce grand zele mon fils dont l'ardeur vous anime,
Coûteroit trop de sang pour estre legitime.
Il m'a remis Justine, ozer me l'enlever,
Peut-estre est-ce la perdre, au lieu de la sauver;
D'un dessein si hardy je vois l'affreuse suitte;
De l'interest des Dieux laissez-moy la conduitte:
Je vay voir Antonin, & luy representer,
Qu'il ose sur Justine un peu trop attenter,
Que dans ses premiers vœux elle est inébranlable,
Et que sa liberté doit estre inviolable.
J'espere avoir moy seule assez d'authorité . . . . .

GETA.

Mais Justine, Madame, est-elle en seureté ?

JUSTINE.

Est-elle icy, mon fils, & je vous réponds d'elle;
Je veux de tous ses pas estre un témoin fidelle.

GETA.

Madame cependant pour ne rien hazarder,
Moy-même en ce Palais je pretends la garder,
Et quant à ses Autels mes soins l'auront renduë,
Joüir du seul plaisir de l'avoir deffenduë:
C'est mon dessein, Madame, allons l'executer.

JULIE.

Gardez-vous bien, mon fils, de rien precipiter.

Je vais voir Antonin, & vous devez l'attendre.

GETA.

Ah ! quoy que de Justine il ose encor pretendre,
Je vous l'ay déja dit, je pretens la garder,
Et ce n'est plus qu'à moy qu'il doit la demander.

SCENE VI.

JULIE, EMILIE.

JULIE.

Juste Ciel ! faloit-il pour redoubler ma peine
De ces deux Ennemis accroistre encor la haine ?
Déja l'ambition irritoit leur fureur ;
Faloit-il que l'amour en redoublât l'horreur ?
Prévenons-en la suite, il est temps que j'agisse
Comme mere prudente, & comme Imperatrice :
Et que par mes conseils, ma tendresse & mes vœux,
Je travaille avec soin à les unir tous deux.

Fin du second Acte.

ACTE III.

SCENE PREMIERE.

GETA *seul.*

Uelle est donc cette ardeur, Geta, qui te
    domine ?
Viens-tu servir tes Dieux ? viens-tu ser-
    vir Justine ?
Ah ! dit plûtost, Geta, qu'en ce malheureux jour
Tu viens faire servir les Dieux à ton amour ;
Tu confonds lâchement dans le fonds de ton ame
Des interests si saints avec ceux de ta flamme ;
Declarons-nous enfin : c'est trop dissimuler,
De ma flamme à Justine il est temps de parler.
Allons..... Mais quoy seray je à ce point temeraire,
Que d'oser luy parler d'un feu que je dois taire ?
D'un feu qu'avec horreur je dois me reprocher ?
Et qu'à moy-même enfin je voudrois me cacher ?
Cette noble pudeur dont sa vertu se pare,
Ne condamne que trop un cœur qui se declare ;
Et l'amour le plus saint est toujours criminel,
S'il ne garde prés d'elle un silence eternel ;
Suspendons en l'éclat injurieux pour elle :
Mais quoy, dans ce danger où sa gloire m'appelle

Ne pourray-je à ses yeux faire hommage d'un cœur,
Remply des mouvemens d'une si sainte ardeur ?
Un respect éternel, un amour sans foiblesse,
Ne peut deshonorer mon illustre Princesse,
Et par la passion dont je suis combatu,
Je puis luy faire voir jusqu'où va ma vertu :
Mais c'est Arcas.

SCENE II.

GETA, ARCAS.

GETA.

ET bien as-tu vû si Julie
Du cruel Antonin suspend la tyrannie.
Si ces prudens conseils ont sçû fléchir son cœur ?

ARCAS.

Et quels soins importuns vous occupent, Seigneur ?
J'aurois crû que Geta pour l'empire du monde
Eût pû contre Antonin armer la Terre & l'Onde ;
Mais je n'aurois pas crû qu'un si foible sujet
Dût de vos grands desseins suspendre le projet ;
Vous devez dans Bizance, ou dans Alexandrie
Vous faire une nouvelle & superbe patrie ;
Tous vos Vaisseaux sont prests, dés ce jour, dés demain
Vous pouvez faire voile en Empereur Romain ;
Les momens vous sont chers : Antioche infidelle
Va rendre la Sirie à vos ordres rebelle :

Dés long-temps sous leur joug les Parthes incertains,
Deviennent tous les jours plus fiers & plus mutins.
Seigneur partez de Rome, & par vostre presence
Allez des revoltez reprimer l'insolence ;
Hastez-vous d'aller voir l'Orient sous vos loix,
Où vous attend déja le tribut de cent Roys :
C'est par de si grands soins qu'un Heros se signale ;
Les Dieux sçauront icy deffendre une Vestale,
Reposez-vous sur eux du soin de son secours ;
Et preferez la gloire à d'indignes amours.

G E T A.

Ne me connois-tu plus Arcas ? oses-tu croire
Que mon cœur pour l'amour abandonne la gloire ?
Et que trop possedé de mon aveugle ardeur,
J'oublie un seul moment les soins de ma grandeur ?
J'aime, mais d'un amour & si pure & si belle,
Qu'il y va de ma gloire à paroistre fidele ;
A soutenir ma flamme, & sans rien esperer
A deffendre l'objet qui me fait soûpirer :
Ouy j'adore Justine ; & puis-je l'avoir veuë
Sans adorer ces traits dont son ame est pourveuë ?
Mais quel est le mortel à qui son seul aspect
N'inspire avec l'amour la crainte & le respect ?
Et cependant Arcas un barbare, un impie,
Contre son innocence arme sa tyrannie,
Et je pourois souffrir qu'un lasche, un inhumain
Soüillé du plus beau sang de l'Empire Romain,
Foulant la majesté des Dieux qu'elle revere,
Profane en l'épousant son sacré caractere ?
Que sçais-je, si le traitre, inquiet, violent
Du meurtre d'une épouse encore tout sanglant,
Ne luy reserve pas une mort plus infame,
Qu'il ne la fit souffrir à sa premiere femme ?

Je fremis d'y penser ; tafchons de prevenir
Un crime que fur moy le Ciel pouroit punir ;
Arrachons, ma Princeffe à fa main trop barbare,
Brifons l'indigne joug qu'un tyran luy prepare ;
Quand j'auray fait pour elle Arcas ce que ie doy,
Je partiray de Rome alors content de moy,
Et faifant de ma flamme un noble facrifice,
Je rendray tout le Ciel à mes deffeins propice :
C'eft par là que je dois commencer mes exploits.
Mais allons voir Juftine : Eft-ce elle que je vois ?
Jufte Ciel ! quelle horreur fur fon vifage eft peinte ?
Confufe, elle ne fçait à qui porter fa plainte ;
Elle cherche Julie, où peut-eftre....

SCENE III.

JUSTINE, PAULINE, GETA, ARCAS.

JUSTINE.

AH ! Seigneur,
Eft-ce vous que je vois ? quel feroit mon bon-heur
Si dans la trifte horreur de mon fort déplorable
Je rencontrois en vous un fecours favorable ;
Toutesfois je l'efpere, & mon cœur abattu
Sent en vous approchant r'affurer fa vertu :
Du pur fang des Cefars comme vous je fuis née,
Mais des premiers ans au Temple deftinée
A nos Dieux tous puiffans je confacray mes vœux,
Et je vis moins pour moy que je ne vis pour eux ;

Les implorer toujours pour cet auguste Empire,
De leurs profonds secrets m'éclaircir & m'instruire,
Garder nos feux sacrez, leur fournir de l'encens,
C'estoient là de mon cœur les emplois innocens,
Emplois, dont la douceur & si sainte & si pure,
Sembloient estre à couvert du crime & de l'injure,
Et qui loin des efforts ou des yeux criminels,
Paroissoient à mon cœur devoir estre eternels ;
Et cependant celuy pour qui nos Dieux propices
Ont cent fois accepté mes humbles sacrifices,
Pour qui j'ay tant de fois encensé nos Autels,
M'arrache impunément du sein des immortels,
Et sous ses dures loix me tenant asservie
Veut m'oster pour jamais le repos de ma vie :
Le cruel Antonin, Ciel ! puis-je le nommer !
C'est luy Seigneur, c'est luy qui pretend m'oprimer,
Et qui sans respecter les Heros de ma race,
D'un tyrannique hymen aujourd'huy me menace,
Malgré ma liberté, contre toutes nos loix
Vevent m'assujettir à son injuste choix,
Et mesme avant le temps m'arrachant de mon Temple
Un sacrilege hymen faire un affreux exemple ;
Et vous Seigneur & vous, vous pourez consentir,
Que vostre propre sang vienne à se démentir ?
Et qu'un fils de Severe oubliant sa memoire
D'un nom si glorieux puisse flétrir la gloire ?
Non quelque nœud, Seigneur, qui puisse vous unir,
Je vous croy contre luy prest à me soutenir :
Toujours vostre vertu fit ma seule assurance,
Et si je n'eusse en vous fondé mon esperance,
Ce bras dans mon malheur fidele à mon devoir,
Eut déja d'Antonin prevenu le pouvoir,
Et punissant sur moy sa flamme illegitime,
Eut fait d'une Prestresse une illustre Victime ;

Mais j'espere Seigneur :

GETA.

Ouy, Madame, esperez ;
Et redonnez le calme à vos sens égarez ;
Quoy qu'icy contre vous mon frere ose pretendre,
De son injuste ardeur je sçauray vous deffendre ;
Mais je veux bien plus faire; & mon cœur aujourd'huy
Doit vous deffendre encor contre un autre que luy.

JUSTINE.

Contre un autre Seigneur? & qui craindrois-je encore?
C'est contre Antonin seul que mon cœur vous im-
　　plore,
Ne me garantissez que de cet ennemy.

GETA.

Ah ! ce ne seroit là vous servir qu'à demy :
A de plus grands efforts mon propre honneur m'en-
　　gage,
Je vous dois de mon zele un plus beau témoignage
Aux dépans de mon cœur, ou plutost contre moy......

JUSTINE.

Contre vous ? achevez ; mais de grace pourquoy
Avec mon ennemy vous confondre vous-mesme ?

GETA.

S'il n'est vostre ennemy que parce qu'il vous aime
Madame......

JUSTINE.

JUSTINE.

Et bien Seigneur...

GETA.

       Je porte dans mon sein
Un feu plus violent que celuy d'Antonin :
Quelque juste respect qui pour vous me retienne,
Ma flamme éclatte enfin pour étouffer la sienne,
Et d'une lasche ardeur vous pourriez m'accuser,
Si mon amour au sien ne venoit s'opposer :
Mais en vain de mes feux la pureté m'abuse,
Déja par vos regards vostre vertu m'accuse,
Et déja vostre cœur me paroist offensé
Par ce seul nom d'amour trop souvent prononcé :
Vos yeux mesme en courroux m'en demandent ven-
  geance,
J'ay déja preparé la peine à mon offense,
Je vay vous affranchir d'un joug injurieux,
Et moy-même à jamais me bannir de vos yeux ;
Peut-estre que par là vostre ame satisfaite....

JUSTINE.

Quel sera mon azile ? où sera ma retraite ?
Grands Dieux ! pour redoubler mon trouble & mon
  effroy
Faut-il que la vertu s'arme encore contre moy ?
Mais non, n'esperez pas que mon cœur se trahisse,
Qu'un trop-brillant éclat me trompe ou m'éblouisse,
Quelques traits de vertu que je remarque en vous
Vostre amour les flétrit & les efface tous :
         D

Voftre ardeur ne peut eftre à mes yeux excufable ;
Et vous m'en ofez faire un aveu trop coupable.
Loin de vous écouter un fevere devoir
Me deffend pour jamais, Seigneur, de vous revoir ;
Je dois vous fuïr enfin bien plus que voftre frere.

G E T A.

Ah ! ne condamnez pas un amour temeraire,
Je fçauray m'en punir , Madame, & reparer
Le crime que j'ay fait de vous le declarer :
Puifqu'à vos yeux Geta n'eft plus digne de vivre,
Avant que de partir fouffrez qu'il vous délivre ;
Que ce foit par mes mains......
                                    Il luy prefente la main.

JUSTINE.

                    O Ciel ! puis-je accepter
Le fecours qu'un Amant ofe me prefenter ?
Ce n'eft plus que mes Dieux que ma vertu reclame.

G E T A.

Du malheureux Geta que craignez-vous, Madame ?
Il vous perd pour jamais. En vous offrant mes foins
De ma fincere ardeur les Dieux me font témoins ;
Je dois vous fecourir , & devant vous je jure
Que c'eft l'unique but d'une flamme fi pure,
Et non plus en Amant , mais en Chef des Romains ,
Je vais de vos Autels vous ouvrir les chemins.

SCENE IV.

JUSTINE, PAULINE.

JUSTINE.

Ciel ! que viens-je d'oüir ? Ah ma chere Pauline
A quel malheur faut-il que le fort me destine ?
Quand je fuis un Tyran que je dois detester,
Je trouve un deffenseur bien plus à redouter ;
La gloire, la raison, & la reconnoissance,
Tout s'arme en sa faveur pour vaincre ma constance ;
Les Dieux mêmes, les Dieux, dont il se rend l'appuy
Pour ébranler mon cœur s'interessent pour luy :
Ma constance à ses yeux s'est toûjours soûtenuë,
Et si jusqu'à present je me suis deffenduë,
Mon cœur toublé, surpris..... j'ose te confier
Pauline.... mais que dis-je : ay-je pû m'onblier ?
Ne me souvient-il plus de ce nom que je porte ?
Et faut-il qu'un mortel sur ma vertu l'emporte ?
Geta deffend icy ma constance & ma foy,
Répondray-je si mal à ce qu'il fait pour moy ?
Sa noble fermeté sert d'exemple à la mienne,
Ma vertu pour le moins doit égaler la sienne ;
Luy-même en me fuyant m'a montré mon devoir ;
Auray-je moins sur moy de force & de pouvoir ?
Ah ! fuyons son retour trop funeste à ma gloire,
Bannissons pour jamais Geta de ma memoire ;
Contre tant de merite armons-nous de rigueur,
Et contre son amour fortifions mon cœur.

D ij

PAULINE.

Pourez-vous oublier ce Heros magnanime ?

JUSTINE.

Si j'osois y penser je croirois faire un crime......
Mais toy de ce Heros pourquoy m'entretenir ?
Ah ! je ne crains que trop de m'en ressouvenir.
Mais Antonin s'approche. O Ciel! quelle est ma peine,
Que n'ay-je pour Geta, grands Dieux, la mesme haine.

SCENE V.

ANTONIN, ALBIN, JUSTINE, PAULINE.

ANTONIN.

QUoy contre mon amour on ose murmurer,
Contre moy le Senat ose se declarer,
Seroit-ce que Julie, ou plûtost que mon frere....
Madame pardonnez une aveugle colere,
Je viens sçavoir de vous quel sera mon destin ?
Estes-vous resoluë à recevoir ma main ?
Ou dois-je voir encor ma flamme rejettée ?

JUSTINE.

Me verray-je toujours, grands Dieux, persécutée ?

De quelle flamme encor me parlez-vous, Seigneur ?

ANTONIN.

Et banniffez, Madame, une indigne frayeur.
Ces rigoureufes loix où vous eftes foûmife,
Vous permettent l'hymen & mon choix l'autorife.
Et quoy ? ne pourez-vous fervir les immortels
Sur le Trône auffi bien qu'aux pieds de vos Autels ?
Le repos de mes jours fur noftre hymen fe fonde ;
Mon bonheur produira celuy de tout le monde.
Pouvez-vous efperer de faire un plus grand bien
Que le bonheur du monde, & le voftre & le mien?

JUSTINE.

Seigneur, mon cœur fenfible à cette preference
Aura toujours pour vous beaucoup de déference :
Mais un devoir plus faint que je ne puis bleffer,
A ce choix glorieux me deffend de penfer :
Je fçay que parmy nous une loy moins fevere
Permet fouvent l'hymen, ou du moins le tolere ;
Mais tout ce qu'on permet, pour eftre pardonné
Dans un cœur vertueux n'eft pas moins condamné :
Fille de Pertinax, Preftreffe de Cybelle,
Je dois à ma Deeffe eftre toujours fidelle,
Je dois vivre & mourir dans les vœux que j'ay
    faits ;
Un cœur comme le mien ne fe dément jamais.

ANTONIN.

C'en eft trop, il eft temps de me faire connoiftre,
J'ay fait affez l'efclave, il faut parler en Maiftre.

Vous devez m'époufer, le fort en eft jetté;
Et cet ordre eft pour vous une neceffité;
Ce n'eft plus en Amant que je vous le demande,
Mais c'eft en Empereur que je vous le commande;
Songez-y bien, Madame, & ne pretendez plus
Répondre à mon amour par de nouveaux refus.

JUSTINE.

Vous me parlez, Seigneur, en Souverain, en Maître,
Mais le fang dont je fors n'en peut icy connoiftre;
La loy qui me deffend d'accepter un Epoux
Eft la loy de mes Dieux que je crains plus que vous.

SCENE VI.

ANTONIN, ALBIN.

ANTONIN.

Suivons-là… Retenons pourtant ma violence…
A quelle épreuve, ô Ciel, reduis-tu ma conftance.

ALBIN.

Je l'admiré, Seigneur, & ne puis concevoir…

ANTONIN.

Ah! tu n'as pas prévû ce que j'ay fçû prévoir.

Tu n'as pas refléchy fur le pouvoir d'un frere,
Mais d'un frere inquiet, fcrupuleux & fevere,
Qui fe void à l'Empire ainfi que moy nommé,
Je fuis craint du Senat, mais il en eft aimé.
Pour irriter les cœurs d'un peuple trop credule,
Il ne faut qu'un pretexte, il ne faut qu'un fcrupule;
Si contre la Veftale un peu trop emporté,
J'ofois me prévaloir de mon authorité,
Si j'ofois me porter à quelque violence,
Geta feroit bien-toft armé pour fa deffenfe,
Et la liberté jointe à la Religion
Serviroit de pretexte à la rebellion;
C'eft là ce que je crains, & ce que je dois craindre;
Pour ménager Geta mon cœur doit fe contraindre;
Je vay le prévenir en faveur de mes feux,
Et l'engager moy-même à feconder mes vœux.

ALBIN.

Mais fi vous rencontriez, Seigneur, en voftre frere
Un efprit inquiet, ardent à vous déplaire:
Un Cenfeur dont le zele ofât vous condamner......

ANTONIN.

Je luy cederay tout, Albin, fans m'obftiner.
Quel que foit mon amour, quelque ardeur qui m'em-
    porte,
Ma politique icy doit eftre la plus forte;
J'aime, mais l'amour feul ne fait pas tout mon foin;
Et je porte ma veuë, & mes deffeins plus loin.

Fin du troifiéme Acte.

ACTE IV.

SCENE PREMIERE.

JULIE, EMILIE.

JULIE.

O Dieux ! qui penetrez dans mon inquie-
  tude,
Qui voyez de mon cœur l'affreufe incer-
  titude,
Ne mettrez-vous jamais quelque fin à mes maux,
Et n'unirez-vous point enfin ces deux Rivaux ?
Qu'eft devenu Geta ? Ciel ! il cherche fon frere,
Que je crains fa fureur, fon zele, fa colere ?
S'il le rencontre, helas ! …. je tremble, je fremis,
Qui pourra retenir ces deux grands Ennemis
Agitez par l'amour, infpirez par la haine ?
Mais je revoy Geta : quel bon-heur me l'ameine ?
Il vient.

SCENE II.

JULIE, EMILIE, GETA.

JULIE.

JE viens mon fils de quitter Antonin,
Vous le verrez bien-tost;

GETA.

Quel est donc son dessein,
Madame ? à vos conseils a-t'il voulu se rendre ?

JULIE.

De luy-même, mon fils, vous allez tout appr ndre;
C'est par vos seuls avis qu'il pretend se regler,
Il n'entreprendra rien enfin sans vous parler.

GETA.

Il peut tout entreprendre, il est icy le maistre :
De ses secrets desseins je ne veux rien connoistre;
Mais si contre Justine un temeraire amour.....

JULIE.

Que pour vous, que pour luy, je crains ce triste
jour ?

Tous deux ambitieux & rivaux l'un de l'autre,
Vous connoiſſez ſa flamme, il ignore la voſtre :
Il ne faut qu'un ſoûpir, qu'un regard indiſcret
Pour découvrir d'un cœur le feu le plus ſecret ;
Pourrez-vous luy cacher l'ardeur qui vous enflamme?

G E T A.

Ce n'eſt pas mon deſſein de la cacher Madame ;
Je veux qu'il la connoiſſe & ſe faſſe une loy
Des leçons qu'aujourd'huy j'ay ſceu prendre pour
     moy ;
Mais il vient :

J U L I E.

Ah ! mon fils.

S C E N E III.

A N T O N I N , GETA , J U L I E.

A N T O N I N.

Il n'eſt plus temps mon frere,
Que de mon dernier choix je vous faſſe un myſtere ;
Avant que de le faire à vos yeux éclater,
J'ay crû ſur ce ſujet vous devoir conſulter ;
Dans cet heureux eſtat d'un Empire paiſible,
Tel qu'il nous fut laiſſé par un pere invincible,
Il ne nous reſte plus qu'à donner aux Romains,
Un digne ſucceſſeur du ſang des Antonins.

Vous connoissez Justine, elle de qui le pere
Fut le predecesseur & l'amy de Severe,
Fille de Pertinax ; ce nom si glorieux
Me semble assez répondre au nom de nos ayeux,
C'est elle à qui mon cœur destine cet Empire ;
J'ay voulu sur ce choix, mon frere, vous instruire ;
Et j'ay crû ne pouvoir arrester mes regards
Sur un objet plus propre à donner des Cesars.

GETA.

Et c'est donc en ce jour que vostre hymen s'appreste,
Seigneur ? tout se dispose à cette auguste feste ;
Vos vœux par le Senat vont estre confirmez,
Et vos desseins sont pris quand vous m'en informez ;
Je ne m'attendois pas à cette confidence :
Mes conseils sont pour vous de trop peu d'importace,
Si pourtant vous pouviez un peu les écoûter,
Peut-estre à d'autres soins vous pourriez-vous porter.

ANTONIN.

A vos conseils, Seigneur, je suis prest de me rendre ;
J'aurois plûtost pris soin de venir les apprendre ;
Mais certaines raisons ont dû me dispenser......

GETA.

A cet hymen, Seigneur, pouvez-vous bien penser ?

ANTONIN.

Tout l'Univers connoist la vertu de Justine,
Son merite, son rang, son illustre origine ;

Rien n'est à condamner en ce choix glorieux.

GETA.

Il offence nos loix, sa liberté, nos Dieux.

ANTONIN.

Justine sur le Trône aujourd'huy reverée
Verra sa liberté beaucoup plus assurée ;
Cet hymen est trop bien affermy par nos loix,
Pour croire que les Dieux desaprouvent mon choix.

GETA.

Mais pour rendre, Seigneur, vostre hymen plus il-
    lustre
Vous pouviez differer jusqu'au cinquiéme lustre ;
Attendre pour le moins ce temps determiné. . . . .

ANTONIN.

Quoy ! mon amour par là doit-il estre borné ?
C'est pour un Empereur un peu trop de contrainte,
Laissons pour d'autres cœurs cette servile crainte ;
Ces ordres jusqu'à nous n'estendent point leurs droits ;
Nous sommes au dessus & du temps, & des loix.

GETA.

Donc pour un Empereur rien n'est illegitime ;
C'est là, Seigneur, c'est là vostre grande maxime.
Pour moy qui crains des Dieux le bras & le couroux,
Je me fais d'autres loix, d'autres regles que vous :

Plus

Plus le suprême rang me donne de licence,
Et plus mon cœur s'efforce à borner sa puissance.
Lorsque nous nous portons à de noirs attentats
Nostre propre grandeur ne nous excuse pas,
Et le Ciel qui nous met en ce rang où nous sommes
Nous en punit plûtost que le reste des hommes.
Cependant vous osez aux pieds de nos Autels
Forcer les droits des cœurs, & ceux des immortels;
Et pour leur faire encor une plus grande injure,
Contraindre une Vestale à leur estre parjure :
D'un pretexte sacré vous n'osez vous servir
Que pour mieux à leur culte aujourd'huy la ravir.
Et ces Maistres du Ciel à qui son cœur se voüe
Souffriront qu'un mortel de leur pouvoir se joüe,
Qu'au dessus de leur Trône il veüille s'élever,
Qu'il usurpe leurs droits & les ose braver ;
Ne le presumez pas, leur suprême puissance
Punit le sacrilege & vange l'innocence ;
Justine les reclame, & ses cris & ses pleurs
Vont attirer sur vous les derniers des malheurs.

ANTONIN.

Ah Ciel ! si vous aimiez, mon frere, autant que j'aime,
Si vostre cœur sentoit ma passion extrême,
Vos discours, vos conseils seroient un peu plus doux.

GETA.

Seigneur, je prends pour moy ce que j'ay dit pour vous,
Il est temps de bannir une injuste contrainte,
Il faut se declarer, & vous parler sans feinte,
Vostre cœur & le mien ont un destin égal ;
Et vous voyez en moy, Seigneur, vostre Rival :

J'aime Justine enfin.

ANTONIN.

Vous ! l'oseray-je croire !
Vous ! qui ne soûpiriez tantost que pour la gloire,
Vous aimez donc Justine, & pouvez l'avoüer.

G E T A.

Oüy je l'aime, Seigneur, & j'ose m'en loüer ;
Quel que soit de mon sort le rigoureux caprice,
De mon amour aux Dieux je fais un sacrifice ;
Et poussé par un zele & saint, & genereux,
Mon cœur leur cede un bien qu'ils veulent tout pour
    eux.

ANTONIN.

Se peut-il qu'à ce point le sort me soit contraire ?
Quoy ? je rencontre encor un Rival dans mon frere?
Par nostre ambition déja trop opposez
Serons-nous par l'amour encor plus divisez ?

G E T A.

Malgré l'ambition, & malgré l'amour même,
N'avons-nous pas sur nous un empire suprême ?
Nous sommes vous & moy maistres de nostre sort ;
Faisons chacun sur nous un genereux effort ;
D'un trop prophane amour étouffons la memoi-
    re,
Tirons de cet oubly nostre plus grande gloire ;
Et par ce grand effort nous unissant tous deux,
D'une amitié parfaite éternisons les nœuds.

JULIE.

Suivez ce noble effort d'une vertu sublime :
Serez-vous moins que luy genereux, magnanime?
En faveur de nos Dieux il peut se surmonter ,
Voftre gloire , mon fils , vous porte à l'imiter :
La raison, la vertu . . . . Mais par quelle avanture
Albin passe , effrayé . . . . Ciel ! quel funeste augure?

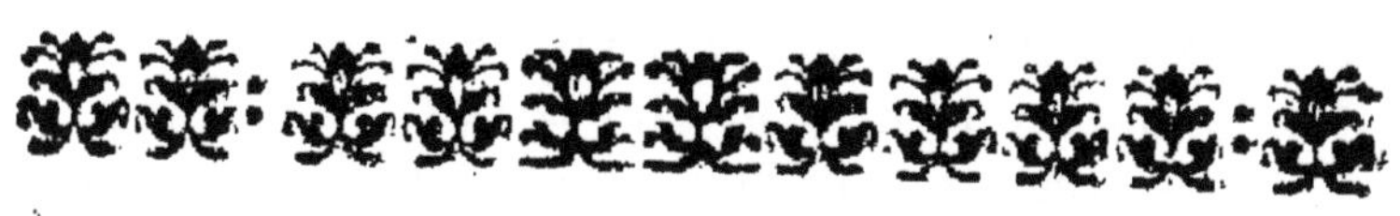

SCENE IV.

ANTONIN, ALBIN, JULIE, GETA.

ANTONIN.

Qu'eft-ce Albin ? le Senat m'a-t'il manqué de foy,
Martian ou Tullus. . . . dy , parle, explique-toy.

ALBIN.

Ah ! Seigneur, apprenez par un recit fidelle
Des prodiges du Ciel la funeste nouvelle ;
A peine le Senat , pour accomplir vos vœux ,
Avoit de voftre hymen autorisé les nœuds ;
Tout eftoit disposé pour la ceremonie,
On n'attendoit que vous , la Princesse , & Julie,
Lorsque sur un Autel l'appareil tout dressé
S'eft inopinément à nos yeux renversé ;

La concorde & la paix auparavant unies
Ont paru s'écarter comme deux ennemies,
De divers traits de sang l'Autel a paru teint,
Et le sacré flambeau s'est de luy-même éteint.
A cet horrible aspect le timide Ministre
Interprete aussi-tost ce presage sinistre :
Contre un prophane hymen tous les Dieux conjurez
Pour le rompre, dit-il, se sont trop declarez :
Pour éviter les maux que leur colere annonce ;
Qu'Antonin pour jamais à Justine renonce.
A peine a-t'il finy que le peuple étonné
Condamne cet hymen par les Dieux condamné ;
Tous les cœurs son surpris, & ces tristes allarmes
Leur font pousser des vœux, & répandre des larmes :
C'est là ce que j'ay vû, Seigneur, & mon devoir
M'a forcé de venir vous le faire sçavoir.

ANTONIN.

Qu'entens-je juste Ciel !

GETA.

Quels prodiges funestes !

JULIE.

Du courroux de nos Dieux présages manifestes :
Helas ! combien de fois pour vous en garentir
Ay-je pris soin, mon fils, de vous en avertir ?
Encor est-ce beaucoup dans l'effroy qui nous glace,
D'avoir fait preceder le coup par la menace.
Sans doute que le Ciel vous accorde ce jour
Pour vous donner le temps de vaincre vostre amour,

ANTONIN.

Quoy faut-il que le Ciel, que toute la nature
S'unissent pour combatte une flamme si pure?
Frere, mere, les Dieux, tout semble conspirer
Pour m'oster le seul bien qui me fait soûpirer?
Quel tort fais-je à nos loix? quel injure à Justine
Lors qu'au suprême rang mon amour la destine?
Et lors que par mon choix Maistresse des Romains
Je la mets au dessus du reste des humains?

JULIE.

C'est en vain qu'à ses yeux vostre grandeur éclate,
Que d'un auguste hymen vostre faveur la flate,
De ses sacrez Autels peut elle s'éloigner?
Elle aime beaucoup mieux les servir que reguer.
Ce haut rang que je tiens, ce nom d'Imperatrice,
Quelque brillant qu'il soit, n'a rien qui l'éblouïsse,
Et le Trône à ses yeux n'est qu'un funeste écueil,
Où de son pere mesme elle voit le cercueil.
Ne l'inquietez plus par cet hymen funeste
Qui blesse sa vertu, que son ame deteste;
Et puisque de son cœur les Dieux sont trop jaloux,
Consolez-vous d'un bien qui ne peut estre à vous.

ANTONIN.

Pouray-je y consentir, & dois-je me contraindre?

GETA.

Peut-estre autant que vous j'ay sujet de me plaindre.
E iij

Mais c'est enfin, mon frere, une necessité…

ANTONIN.

Mon cœur auroit besoin de vostre fermeté,
De sa propre vertu je sens qu'il se défie,
J'ay besoin que la vostre icy me fortifie.

GETA.

Pour estre de nous-mêmes aujourd'huy les vainqueurs
Evitons un objet qui divise nos cœurs ;
Je vois déja vostre ame en secret balancée,
Je vois dans vostre cœur la victoire avancée ;
Pour éteindre ce feu que nous voulons dompter,
Il faut partir de Rome, ou plûtost nous quitter :
Le Germain se soûleve, Antioche est rebelle,
De deux divers costez la gloire nous appelle,
Allons comme Empereurs, & non comme rivaux,
Abandonner nos cœurs à de plus grands travaux ;
Allons nous faire craindre aux deux bouts de la terre,
Etouffons nostre amour dans l'horreur de la guerre,
Et pour rendre à nos loix tout l'Univers soûmis,
Triomphons de nos cœurs & de nos ennemis.

ANTONIN.

C'en est fait, j'y consens ; je ne puis m'en deffendre ;
Mon cœur à vos conseils fait gloire de se rendre ;
Ouy, Seigneur, j'ay conçû de plus nobles desseins,
Et je m'en vais soûmettre & punir les Germains ;
Mes Chefs sont déja prests, & je marche à leur
　　teste
Si-tost que mon Armée à partir sera preste.

Vous , Madame , allez voir Juſtine , & dites-luy
Qu'à ſes ſacrez Autels je la rends aujourd'huy.

GETA.

A ces nobles diſcours je reconnois mon frere ,
Je reconnois le ſang d'Antonin , de Severe.
Ce genereux effort m'attache plus à vous ,
Que ce ſang des Heros qu'on void revivre en nous.

Ils s'embraſſent.

JULIE.

O Ciel ! en ce grand jour que faut-il que je voye ?
Quel mélange confus de douleur & de joye ?
Quoy dans ce même jour je verray mes deux fils
Par l'amour ſeparez , par l'amour réunis ?
Je dois les voir partir , & je n'oſe me plaindre ,
Puis qu'aprés leur départ je n'ay plus rien à craindre ;
Mais allons voir Juſtine , il faut dans ce moment
Que j'aille l'informer de voſtre changement ;
Et pour vous réunir ſous de meilleurs auſpices
Luy faire preparer de nouveaux ſacrifices.

GETA.

Et moy je vais , Seigneur , par des ordres nouveaux
Pour partir dés demain faire armer mes Vaiſſeaux.

S C E N E V.

ANTONIN, ALBIN.

ANTONIN.

TU l'aimes donc perfide , & t'en vantes toy-
    même :
Pour te la faire aimer c'est assez que je l'aime ;
Je ne voy que trop bien que ton zele empressé
Pour me ravir Justine est un piege dressé :
M'accusant d'un amour criminel & prophane
Ton cœur brûle d'un feu que ta bouche condamne ;
Tu m'étales en vain & son Temple , & sa foy ,
Tu parles beaucoup moins pour ses Dieux que pour
    toy.
J'ay connu ton faux zele , & ta fausse prudence ,
J'ay jusqu'à l'approuver forcé ma complaisance ;
J'ay cedé , j'ay fléchy ; mon orgueil s'est dompté ,
J'accorde ce triomphe encor à ta fierté.
Va publier par tout ma honte & ta victoire ,
Va cours trouver Justine , & luy vanter ta gloire ;
Pour voler en Asie assemble tes Vaisseaux ,
Flaté de vains projets va courir sur les eaux ;
Fier d'avoir eu sur moy ce dernier avantage ,
Promets-toy d'avoir Rome encor pour ton partage ;
Je te tiens , c'est assez ; ce jour doit decider
Qui de nous deux enfin doit icy commander :

Sacrifions ce frere & perdons ce rebelle,
Prest à porter le coup je tremble, je chancelle :
Malgré ma politique & mon inimitié
Je sens encor pour luy quelque ombre de pitié ;
Je sens un mouvement qui malgré moy m'arreste,
Et le sang me retient quand ma vangeance est preste.
Mais pour gagner Justine, & l'Empire Romain,
Puisqu'il ne faut qu'un coup, je l'attens de ma main.

Fin du quatriéme Acte.

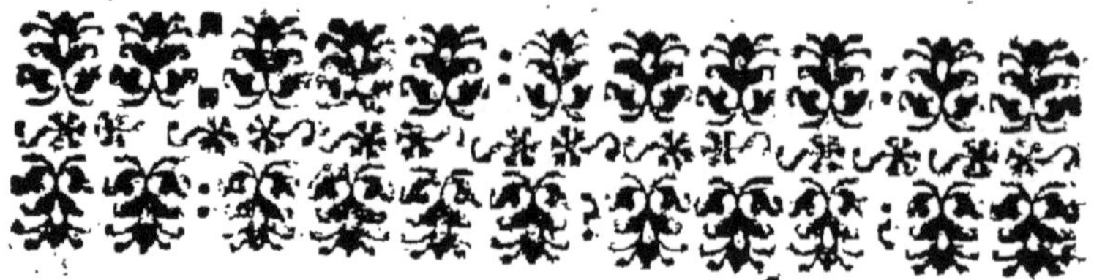

ACTE V.
SCENE PREMIERE.

GETA, ARCAS.

GETA.

'E n est fait, cher Arcas, je tiendray ma
　　parole,
Je dois abandonner demain le Capi-
　　tole,
Ces Monumens pompeux, ces Cirques, ces Palais,
Je sors de Rome enfin, & j'en sors pour jamais :
Justine rentre au Temple, icy rien ne m'arreste ;
Tout est-il disposé ? ma Flotte est-elle preste ?

A R C A S.

Ouy, Seigneur, tout est prest : un favorable vent
A tourné vos vaisseaux déja vers l'Orient ;
Là pour vous couronner cent lauriers vous attendent,
Là pour vous obeïr cent peuples vous demandent :
Vos soldats empressez, vos Chefs, vos matelots
Impatiens déja de traverser les flots,

Portent avidement fur la vague épanduë
Vers ce nouvel Empire & leur cœur, & leur veuë;
Qu'il me tarde de voir au lever du Soleil
De vos vaiſſeaux armez le ſuperbe appareil,
De voir toute la Mer malgré ſa violence
Sentir avec reſpect voſtre auguſte preſence,
Et qu'à l'aſpect enfin d'un ſi grand Empereur,
Un ſi fier Element appaiſe ſa fureur.

GETA.

C'eſt en vain qu'à partir ton cœur me ſollicite,
Aſſez pour ce depart mon propre honneur m'excite:
Quel triomphe pour moy de voir en cet inſtant
Et le Ciel ſatisfait, & l'Empire content?
Quel plaiſir d'avoir mis cette Princeſſe auguſte
A couvert des malheurs d'un hymen trop injuſte;
Et malgré tout l'amour de mon frere & le mien
D'avoir ſçû triompher de mon cœur & du ſien?
Rome craignoit en nous deux puiſſans adverſaires,
Voyoit avec frayeur deux rivaux en deux freres;
Tout le monde tenoit ſur nous les yeux ouvers:
Je vais rendre le calme à Rome, à l'Univers.
Aprés ce grand effort, aprés cette victoire,
Il ne faut qu'un moment pour profaner ma gloire;
Fuyons, & pour ſortir de ce funeſte lieu,
Allons dire à Juſtine un éternel adieu,
Allons la voir Arcas... Mais je la vois paroiſtre.

SCENE II.

JUSTINE, GETA, PAULINE.

JUSTINE.

POur mon liberateur je viens vous reconnoiſtre :
J'apprens de toutes parts vos bontez & vos ſoins,
Mes yeux en ont eſté les fidelles témoins :
D'un tyrannique hymen par vous ſeul affranchie,
Je vous dois mon repos, & ma gloire, & ma vie ;
Mon cœur reconnoiſſant juſqu'au dernier ſoûpir
En gardera, Seigneur, l'éternel ſouvenir.

GETA.

Si je me ſuis armé contre la violence,
Voſtre cœur m'en doit-il quelque reconnoiſſance ;
Ah ! ſi j'ay conſervé voſtre gloire, vos jours,
Ma vertu vous devoit un ſi triſte ſecours ;
Pour le prix de ces ſoins que j'ay trop dû vous
　　rendre,
Helas. ſur voſtre cœur je n'ay rien à pretendre ;
Vous pouvez de voſtre ame à jamais les bannir,
Mais d'un illuſtre effort gardez le ſouvenir :
Pour la derniere fois je vous le dis encore,
Je vous aime, & malgré ce feu qui me devore
Je pars demain, Madame, & vais vous délivrer
D'un cœur qui prés de vous ne ſçait que ſoûpirer.

En

En quelque endroit du monde où la gloire m'appelle,
Je porteray par tout un' ardeur si fidelle ;
J'ay fait pour l'étouffer des efforts superflus ;
Mais du moins à vos yeux je ne paroiſtray plus.
Prés de vos Dieux enfin voſtre ame satisfaite
Va gouſter dans son Temple une douceur parfaite,
Loin de vous pour n'en pas interrompre le cours ;
Je vais vaincre ou finir mes déplorables jours.
De vos vœux innocens j'attendray la victoire
Si je meurs, de vos pleurs honorez ma memoire,
Et ne refuſez pas dans mon malheureux sort
Des vœux pour ma victoire, ou des pleurs à ma mort.

JUSTINE.

Aprés tant de bien-faits dont vous m'avez comblée
De leur poids obligeant je me sens accablée ;
Je vous dois tout, Seigneur, cependant vous partez.
Il eſt temps de répondre enfin à vos bontez ;
Vous courez à la gloire, & je vais dans mon Temple:
Nous nous preſtons tous deux un mutuel exemple ;
Mais cependant mes pleurs ne vous font que trop voir
Les efforts que je fais pour ſuivre mon devoir ;
Car enfin à mon tour je ne puis vous le taire,
Ce n'eſt que mes Dieux ſeuls que mon cœur vous prefere
De leur garder ce cœur, je me fais une loy,
Ce cœur ſeroit à vous s'il pouvoit eſtre à moy ;
Aprés cela partez, que rien ne vous retienne,
Partez pour voſtre gloire, ou pluToſt pour la mienne,
Pour ce cruel depart les Dieux m'en font témoins ı
Si je ne vous aimois, je vous preſſerois moins.

F

GETA.

Moy partir, vous quitter ; ah ! divine Princesse
Dans le temps que ce cœur répond à ma tendresse.

JUSTINE.

Quelle indigne foiblesse osez-vous concevoir ?
Fuyez, Prince, fuyez, je ne puis plus vous voir,

GETA.

Eh ! de grace, Madame.

JUSTINE.

                            Arrestez temeraire,
Je croy dans ce moment parler à vostre frere :
Pour la derniere fois ostez-vous de mes yeux.

GETA.

Adieu donc pour jamais , adieu Madame.

JUSTINE.

                                     Ah ! Dieux ;

SCENE III.

JUSTINE, PAULINE.

JUSTINE.

POur me punir, helas ! d'un aveu trop sincere,
Quel plus grand sacrifice aurois-je pû vous faire ?
Aprés ce que mon cœur abandonne pour vous ,
Ne me ferez-vous point un sort un peu plus doux ?
Fille d'un Empereur du sang dont je suis née
Aux suprémes grandeurs je semblois destinée ;
Aujourd'huy pour me rendre à mon sort glorieux
Deux Empereurs sur moy daignent jetter les yeux ;
Ils m'offrent à l'envy leur cœur & leur empire,
Moy fidelle à la loy que j'ay sceu me prescrire,
Je ne puis accepter ny leur choix ny leurs vœux,
Et mon cœur se refuse enfin à tous les deux ;
Non, que ce triste cœur sans nulle difference,
Confonde en ses refus le crime & l'innocence,
De l'amour d'Antonin je vois toute l'horreur,
Et je vois de Geta la genereuse ardeur ;
La vertu pour ce Prince a fait naistre ma flamme,
Et la mesme vertu l'étouffe dans mon ame,
Pour jamais de mes yeux enfin je le bannis ,
Ciel ! par là mes malheurs se verront-ils finis ?
Son idée en mon cœur rappellera sans cesse
Sa generosité , ses bien-faits , sa tendresse,
Et malgré ma vertu ce cruel souvenir
De son éloignement sçaura bien me punir.

Ah ! ne devois-je pas..... mais que dis-je infensée,
Geta, peut-il encore occuper ma penfée :
Aprés ce que j'ay fait, je dois jufqu'à la mort
Couronner par l'oubly ce genereux effort.
Mais que vois-je ?

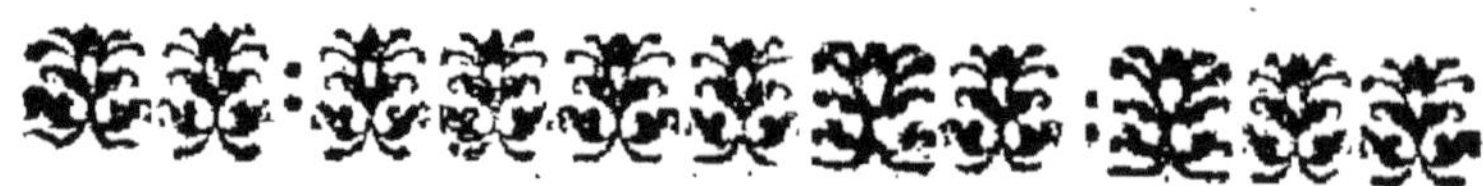

SCENE IV.

ANTONIN, JUSTINE, PAULINE.

ANTONIN.

ON vous rend à vos Dieux, à vous-même
Madame, diffipez cette frayeur extréme,
Je viens malgré l'ardeur dont je brûlois pour vous
Vous fauver de l'horreur de me voir voftre époux :
A vos Autels enfin nous allons vous remettre.

JUSTINE.

De vos bontez, Seigneur, j'ofe tout me promettre
D'un mal-heureux amour vous avez triomphé,
Comme un feu criminel vous l'avez étouffé,
Vous fçavez à quels vœux mon ame deftinée.....

ANTONIN.

J'ay compris vos raifons contre noftre hymenée ;
Vous avez craint du Ciel le funefte couroux,
Vous avez crû les Dieux de mon bon-heur jaloux ;

Geta s'est montré même à mes desseins contraire,
Geta, vous & les Dieux, il faut vous satisfaire:
Sans tarder plus long-temps je pretens dés ce jour
Vous remener, Madame, en vostre heureux sejour,
Et je veux que Geta present avec Julie
Vous voye en vostre Temple aujourd'huy rétablie.

SCENE V.

JULIE, PAULINE.

JULIE.

DOis-je me rassurer sur la foy d'Antonin ?
A travers ses discours j'ay connu son chagrin,
J'ay veu dans ses regards un air sombre & severe,
Il s'est plaint de ses Dieux, il s'est plaint de son frere,
Antonin contre luy n'est que trop irrité,
Je crains sa trahison, je crains sa cruauté.
Je tremble.

PAULINE.

Ah ! rassurez-vous vostre cœur trop timide,
Madame.

JUSTIN.

Je crains tout d'un cruel, d'un perfide,
D'un barbare affamé de carnage & de sang,
Qui n'épargna jamais âge, sexe, ny rang;
Il fit perir sa femme, il fit perir son pere,
Et crois-tu qu'il épargne un rival dans son frere ?

Je ne puis de mon cœur vaincre le triste effroy,
Je ne sçay quelle horreur......

PAULINE.

                    Et de grace pourquoy,
Lors qu'Antonin fléchy par les pleurs de Julie
S'unit avec son frere & se reconcilie;
Pourquoy par vos soupçons, par vos vaines frayeurs
Des crimes les plus noirs vous former les horreurs?

JUSTINE.

C'est ce prompt changement qui fait toute ma peine,
Etouffe-t'on si-tost & l'amour & la haine?
Aprés tant de forfaits, tant de coups inhumains
Antonin dans son cœur cache d'affreux desseins;
Certe feinte douceur redouble mes alarmes,
Tout m'est suspect enfin. Mais Emilie en larmes.

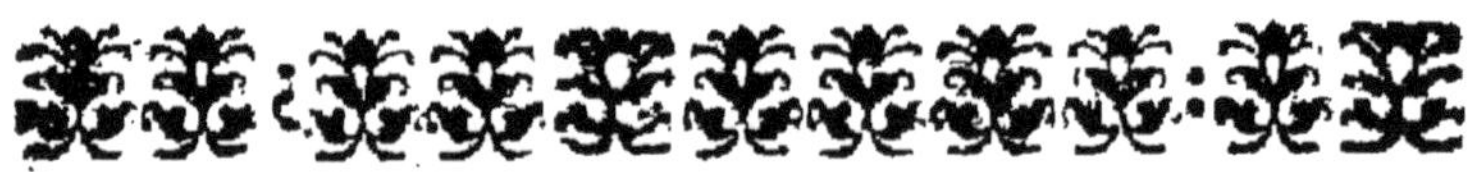

SCENE VI.

JUSTINE, PAULINE, EMILIE.

JUSTINE.

Que deviens-je Emilie? & que m'annonces-tu?

EMILIE.

De tristesse & d'horreur mon esprit abattu

N'ose se retracer une action si noire.

JUSTINE.

Qu'est-il arrivé ? parle....

EMILIE.

Eh ! pourrez-vous le croire ?
Dans les bras de sa mere, ou plutost dans son sein.
Antonin de Geta vient d'estre l'assassin.

JUSTINE.

L'assassin de son frere ? ô meurtre épouvantable !

EMILIE.

Le malheureux Geta, ce Prince déplorable
Entretenoit Julie en son appartement,
Le cruel Antonin entre inopinément,
Il approche son frere, il le joint, il l'embrasse,
Et sans faire éclater uy courroux ny menace
Il le frape, & soudain aprés l'avoir blessé,
Fuit, & laisse en son sein le poignard enfoncé ;
Geta presqu'aussi-tost d'un courage intrepide
S'arme du mesme fer pour punir le perfide,
Il fait de vains efforts & presqu'à chaque pas...
Mais le voicy qui vient.

JUSTINE.

Malheureux Prince, helas !

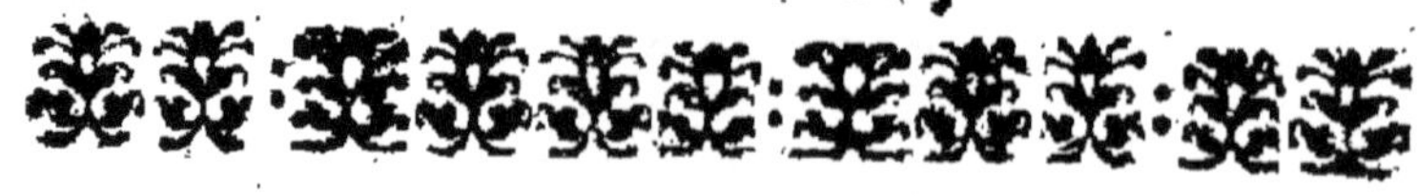

SCENE VII.

GETA *mourant*. JUSTINE, PAULINE,
ARCAS, Suitte.

ARCAS.

Et de grace, Seigneur, permettez.

GETA.

Qu'on me laisse,
Cherchons cet inhumain, & sauvons ma Princesse.

JUSTINE.

Ah ! Seigneur.

GETA.

C'en est fait, & vous voyez enfin
Ce que me reservoit le perfide Antonin,
Jugez par là du sort que sa main vous prepare :
Je viens vous garentir des fureurs d'un barbare,
Sans doute ce cruel qui m'a percé le flanc,
Viendra vous demander pour le prix de mon sang.
Pour luy percer le cœur je veux icy l'attendre,
Et je vivray peut-estre assez pour vous deffendre ;
Trop content de mourir, si je puis par sa mort,
Contre sa tyrannie assurer voftre sort ;
Mais je meurs, & je perds l'espoir de ma vengeance.
Il laisse tomber le poignard sur une
chaise qui luy sert d'appuy.

SCENE VIII.

JUSTINE, PAULINE.

JUSTINE.

GEta meurt, & je vis.: qui sera ma deffence ?

PAULINE.

Sans doute de nos Dieux le pouvoir infiny
Vous fera bien-tost voir ce grand crime puny.

JUSTINE.

Quand on void sous le fer expirer l'innocence,
A quoy nous sert du Ciel l'inutile vengeance ?
Grands Dieux! qui prevoyez les forfaits des humains,
Que ne retenez-vous leurs criminelles mains ?
Vous deveriez plutost par des soins legitimes
Veiller à détourner, qu'à venger les grands crimes,
Quand pour nous affliger vous les avez permis,
Aprés qu'ils sont vengez en sont-ils moins commis ?
Ciel ! je vais d'Antonin devenir la victime,
Ce superbe Tyran vient achever son crime;
Dieux cruels ! pour le prix de ma fidelité
M'auriez-vous reservée à cette indignité ?
Je fremis d'y penser, & mon ame tremblante...
Mais quel est le bonheur que le sort me presente,
En voyant le poignard que Geta a laissé tomber,
& dont elle se saisit.

Je reconnois ce fer... Voila le seul secours
Qui peut sauver ma gloire en terminant mes jours,
Elle se frape.
Le Tyran vient... mourons... mon sort n'est plus à
        plaindre,
Il m'est permis enfin de le voir sans le craindre.
En le voyant entrer.

S C E N E   IX.

ANTONIN , JUTINE mourante , PAULINE,
        ALBIN.

JUSTINE.

Viens à present barbare... Ah ! tu viens à propos.

ANTONIN.

Que vois-je Albin.

JUSTINE.

                Tu vois l'amante d'un Heros,
Dont ta main vient de faire un affreux sacrifice,
Et son sang & le mien demandent son suplice ;
Tu voulois m'outrager, j'ay sceu te prevenir,
Je t'offre encor ce fer , Tyran, pour te punir,
Il a sauvé ma gloire & satisfait ma haine :
En luy jettant le poignard.
Que n'ay-je le plaisir pour augmenter ta peine

D'avoir à ton rival fait connoiſtre aujourd'huy
Devant toy tout l'amour dont je brûlois pour luy.
Adieu.... je t'abandonne aux remords de ton crime ;
Je vais joindre Geta par un nœud legitime,
Si ta brutale ardeur pretend m'en empeſcher,
Suis-moy juſqu'aux Enfers, où je le vais chercher.

SCENE DERNIERE.

ANTONIN , ALBIN.

ANTONIN.

Qu'entends-je ? quelle horreur ! l'amour & la
    nature
Excitent dans mon cœur un funeſte murmure,
Et Juſtine & Geta du fonds de leur tombeau
M'excitent tous les deux, me nomment leur bourreau,
Frere, femme, maiſtreſſe, amis, mon propre pere
J'ay pû tout maſſacrer, il me reſte une mere
Pour luy donner la mort, Dieux m'oſez-vous ſauver,
Et pour ce crime encor m'oſez-vous reſerver ?
Et bien donc je vivray, mais pour de nouveaux crimes,
Pour remplir l'Univers d'innocentes victimes,
Peut-eſtre qu'à la fin je ſçauray vous forcer,
A vous ravir le jour que vous m'oſez laiſſer.

FIN.

A PARIS,

De l'Imprimerie DE CHRISTOPHE
JOURNEL, ruë S. Jacques,
1687.